Animaux
en Péril

Mille et une vies à protéger

Au fond des océans, en haut des arbres, sous la terre
ou au sommet des montagnes, notre planète abrite
des milliers d'espèces animales. Certaines existent depuis
des millions d'années et se sont transformées. D'autres
ont disparu pour laisser place à des espèces mieux adaptées.
Aujourd'hui, les animaux menacés sont de plus en plus
nombreux. L'homme en est très souvent responsable :
il détruit les lieux sauvages, pollue les océans,
tue parfois les animaux pour le plaisir ou le profit !
Pourtant, sur la terre, toutes les formes de vie méritent
le même respect... Si l'homme ne protège pas la planète et tous
ses habitants, il risque de devenir lui aussi une espèce menacée !

DANGER AUX QUATRE

LOUP DE TASMANIE

RHINOCÉROS

ORANG-OUTANG

TORTUE DE MER

BISON

GRAND CONDOR

GRAND PANDA

COINS DU MONDE !

GORILLE

MORSE

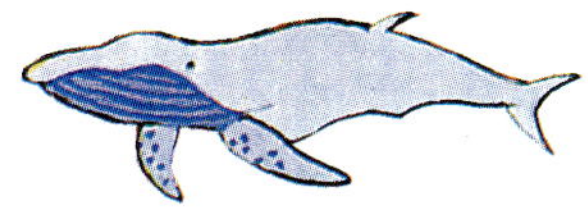

BALEINE

TIGRE

OURS BRUN

CROCODILE

TAMARIN-LION

Une nature
à respecter

Dans le monde, les hommes sont de plus en plus nombreux. Ils abattent des arbres, assèchent des marais, occupent les prairies pour construire des routes et des villes. Les pays pauvres ont besoin de cultiver les terres pour se nourrir : les espaces sauvages disparaissent... Alors, privés de leur abri, de leurs repères et de leur nourriture, les animaux risquent la mort. La seule solution est de les installer dans des réserves naturelles.

Le **grand panda** habite les hautes montagnes de Chine. Dans les forêts touffues, il se régale de sa plante préférée : le bambou. Mais les Chinois cultivent de plus en plus les flancs de la montagne et cette plante disparaît. Le panda doit s'en aller sur un autre côteau pour trouver sa nourriture.

GRAND PANDA

Alors les Chinois le protègent : ils créent des massifs de bambous entre les montagnes pour que les pandas circulent et se reproduisent. Parfois, ils les déplacent d'une montagne à l'autre, en hélicoptère, pour qu'ils puissent se nourrir ! Classé « trésor national », le panda est toujours chassé par les braconniers.

Le grand et fort ***gorille des montagnes*** *vit dans les forêts d'Afrique où il se nourrit de feuilles, de baies, de pousses et d'écorces. Mais il n'aura bientôt plus d'abri : l'homme défriche les forêts où il habite. Les braconniers le capturent pour en faire des trophées : ses mains empaillées servent de cendrier et son crâne est transformé en lampadaire !*

★ GORILLE ★ ORANG-OUTANG ★ PANDA ★

Le **tamarin-lion** est un petit singe roux qui porte une crinière autour de la tête. Il vit dans la forêt d'Amazonie. Les hommes le chassent pour le manger ou le dresser. Certains, élevés dans des zoos, ont été relâchés et se sont bien adaptés à la vie sauvage.

Que va devenir l'**orang-outang** si l'homme détruit les forêts où il vit ? Bien caché dans les arbres, il passe ses journées à se nourrir de fruits, de feuilles ou d'écorces. Mais il ne sera jamais assez à l'abri de ceux qui le chassent pour en faire un animal de compagnie...

Menace
sur les océans

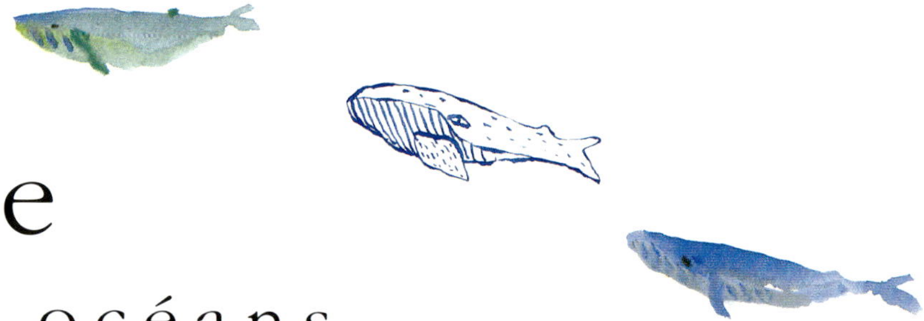

L'eau est un trésor de vie pour notre planète. Malheureusement, l'équilibre des océans est perturbé par la pêche industrielle qui menace des espèces entières. Les rivières et les mers servent un peu de poubelle : les bateaux y déversent du pétrole et les usines des produits chimiques. Les animaux ne résistent pas à cette pollution de leur habitat et de leur nourriture.

Poissons, mammifères
et crustacés vivent selon
un équilibre naturel :
les uns se nourrissent
des autres qui sont
mangés à leur tour.
La disparition
d'une espèce
peut mettre
en danger
d'autres
espèces.
Ainsi, les
hommes pêchent
de plus en plus le krill,
une sorte de petite crevette.
Or, c'est le repas préféré
de la **baleine bleue** :
que va-t-elle manger
si le krill disparaît ?

Depuis plus de mille ans, la ***baleine à bosse*** *est chassée par les hommes pour sa chair et son huile. Maintenant, d'autres produits peuvent les remplacer. Il est inutile de la chasser et sa pêche est interdite. Pourtant, certains pays continuent malgré tout...*

Les ***tortues de mer*** *s'étranglent souvent dans les immenses filets tendus par les pêcheurs. Elles pondent leurs œufs sur les plages où ils sont dévorés par des animaux. Les hommes chassent aussi les tortues pour leurs carapaces et pour en faire des soupes !*

★ BALEINE BLEUE ★ LAMANTIN ★ TORTUE DE

La **tortue luth** à la carapace souple est la plus rare des tortues de mer. Elle n'a pas changé d'apparence depuis cent millions d'années. Elle se nourrit de méduses ; malheureusement, elle les confond avec les sacs plastiques qui flottent et s'étouffe en les avalant.

Le **lamantin** nage souvent dans les eaux peu profondes des côtes de Floride. Il est si lourd et bouge si lentement qu'il se fait blesser par les hélices des bateaux et malmener par les plongeurs. Il se reproduit très peu et va probablement disparaître...

MER ★ TORTUE LUTH ★ BALEINE A BOSSE ★

Qui part à la chasse...

L'homme a toujours chassé. À l'origine, la chasse était nécessaire à sa survie. Puis il a appris à élever des animaux pour se nourrir. Aujourd'hui, l'homme chasse pour le profit ou le plaisir. Malgré les interdictions, les braconniers sont nombreux, sans scrupules et très bien armés. La chasse est parfois l'une des causes principales de la disparition d'une espèce.

*La situation de l'**éléphant** est bien différente selon l'endroit où il vit. En Asie, c'est presque un animal de compagnie : il aide aux travaux agricoles et sert de monture aux hommes. Dans le sud de l'Afrique, il est bien protégé dans des réserves. En Afrique de l'Ouest, par contre, il est très menacé !*

ÉLÉPHANT D'AFRIQUE

Il y a seulement dix ans, il était chassé pour l'ivoire de ses défenses. Aujourd'hui, des braconniers continuent leurs massacres, parfois même dans des réserves naturelles.

***Le morpho bleu** est un joli papillon de la forêt amazonienne, très recherché par les collectionneurs.*

Au début du XXe siècle, le **tigre du Bengale** est massacré pour sa fourrure et pour le plaisir des seigneurs indiens, les maharadjahs. Aujourd'hui, grâce à la création de réserves, le nombre de tigres augmente.

Recherché pour sa fourrure, le **jaguar** vit dans les forêts d'Amérique du Sud. Là, l'homme s'installe plusieurs mois pour abattre des arbres. Il se nourrit des proies du jaguar qui, pour survivre, s'approche des animaux d'élevage : il est parfois tué par les éleveurs.

Le **quetzal** et les **perroquets** sont très recherchés pour leur plumage multicolore. Ils deviennent oiseaux de compagnie...

★ CROCODILE ★ QUETZAL ★ PERROQUET ★

 Les bébés **crocodiles** sont souvent dévorés par d'autres animaux. Les crocodiles sont chassés pour leur peau. Elle sert à fabriquer des produits de luxe : des sacs, des chaussures et des ceintures.

 Les derniers **rhinocéros** vivent dans des réserves en Afrique et en Asie. Ils ont été massacrés. Au Yémen, on fabrique des étuis et des manches de poignards avec leur corne.

 Réduite en poudre, elle se vend très cher en Asie où on lui prête des pouvoirs magiques. Maintenant, pour décourager les braconniers, on coupe les cornes des rhinocéros dans les réserves.

★ RHINOCÉROS ★ ÉLÉPHANT ★ TIGRE ★

Sauvons

Les ours aiment la tranquillité des grands espaces sauvages.

L'***ours brun*** *est en péril ! On peut le rencontrer en Europe centrale, dans les montagnes de Roumanie ou de Bulgarie. En France, une dizaine d'ours essaye de survivre dans les Pyrénées. Mais les bergers français n'apprécient pas du tout leur présence car ils menacent leurs troupeaux !*

★ L'OURS BRUN ★ L'OURS

LES OURS !

BIENTÔT, ILS NE SAURONT PLUS OÙ TROUVER REFUGE.

POLAIRE ★ LE GRIZZLY ★

*Le **grizzli** du Mexique est l'un des ours les plus rares au monde. Chassé par les éleveurs de bétail, il s'est réfugié au fond des forêts. Beaucoup moins menacé, l'**ours blanc** vit dans les régions polaires. Chassé pour sa fourrure, sa graisse et sa viande, il est aussi victime de la pollution.*

SUR LA

Dans les contes,
le loup dévore
les hommes.
Mais dans la réalité,
c'est plutôt lui
qui est chassé...

TRACE DES LOUPS

Le loup s'est réfugié aujourd'hui dans les grandes forêts d'Amérique du Nord et de Sibérie. Il s'attaque aux animaux faibles ou malades. Ainsi, il empêche les épidémies et, grâce à lui, les groupes d'animaux restent en bonne santé.

Aujourd'hui, une quinzaine de loups venus d'Italie s'est réinstallée en France dans le parc du Mercantour...

Il se nourrit de cerfs, de daims ou de biches. Or, ces animaux arrachent les écorces des arbres et les feuilles ; si les loups ne les mangeaient pas, ils seraient trop nombreux et abîmeraient la forêt.

Ceux que tu

*Il ne restait que quelques **bisons sauvages** dans les zoos au début du XXe siècle. Ils ont été remis en liberté en Pologne dans une réserve. Ils ont appris à retourner à l'état sauvage. Si l'homme est capable d'exterminer des espèces animales, il est donc tout aussi capable d'en sauver ! À condition qu'il ne s'y prenne pas trop tard...*

NE VERRAS PLUS

Le ***dodo*** *est un gros oiseau qui a totalement disparu au début du XVIIIe siècle. Il a été massacré par les marins débarqués sur l'île Maurice.*

Le ***loup de Tasmanie*** *a été chassé jusqu'au dernier parce qu'il s'attaquait aux troupeaux et aux poulaillers. Il ne s'est pas reproduit en captivité et a complètement disparu.*

Le ***pigeon migrateur*** *d'Amérique du Nord a été exterminé par les chasseurs au début du XXe siècle.*

Tu as bien regardé ton livre
Animaux en péril ?
Maintenant, comme un artiste, compose
ton poster.

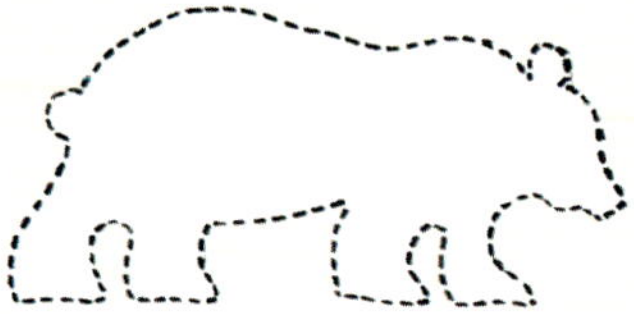

Découpe 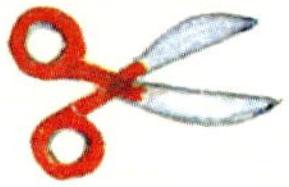 les silhouettes  d'animaux
en suivant les pointillés.
Choisis ensuite un pelage ou une peau
pour chaque animal. Avec ton crayon,
contourne la forme sur ton papier
puis découpe-la.

DÉCOUPE AUSSI LES YEUX, LES MUSEAUX.

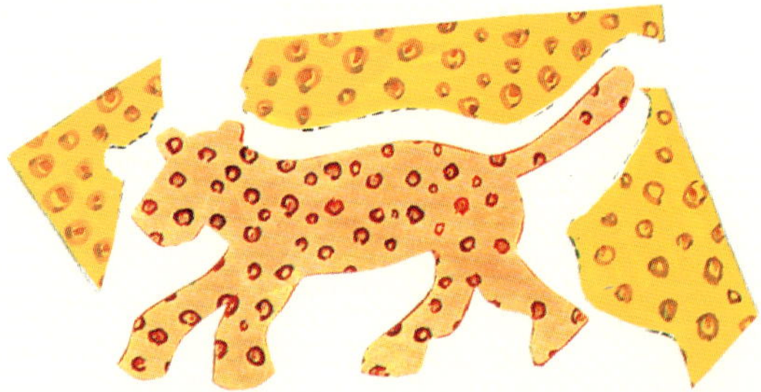

Tu peux à présent coller
tes animaux sur ton poster.

Tu as envie d'écrire à tes amis ?
Choisis tes couleurs et colorie les animaux
dessinés sur tes cartes postales.

Et pour que tes cartes soient
encore plus belles, décore-les avec tes gommettes.

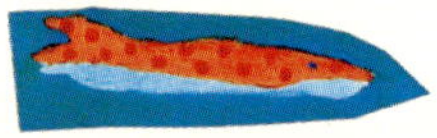

CONCEPTION GRAPHIQUE ET ILLUSTRATIONS :
PASCALE ESTELLON . ANNE WEISS
ILLUSTRATIONS PAGES 7, 8, 11, 21 : MARIANNE MAURY
TEXTE : SONIA GOLDIE avec les conseils de Jean-Luc Berthier
Maître de Conférence au Museum d'Histoire Naturelle
et l'équipe de Mila Éditions

Dans la même collection :

Arbres et oiseaux • Fleurs sauvages • Ciel et étoiles • Sous-bois
Mer et poissons • Maisons des animaux • Jungles et forêts vierges
Quatre saisons • Montagnes et Vallées • Insectes et papillons
Potagers et Vergers • Volcans du monde • Animaux de la ferme

Dépôt légal : février 2000. N° d'édition : 2000/01. N° ISBN : 2 84006 211 9.
Photogravure : A.I.C. Imprimé en Espagne par SYL.
Loi n° 49 956 du 16 Juillet 1949 sur les publications destinées à la jeunesse.